Preface

Teachers of German often find themselves in the difficult position of having to prepare pupils for external examinations in a relatively short space of time.

The pressure of demands on class periods leaves little or no opportunity for private reading in school. This usually has to be done at home. But how well? How much of the text has each pupil grasped? Performance at objective tests printed within the book does not necessarily reflect the true situation, since there may be pooling of the right answers among friends.

The aim of these books is to ensure that each pupil reads and understands, without adding unduly to the teacher's burden in the process. There are six graded readers and a book of objective tests, the latter for use in class only.

The method is for pupils to read the allotted chapter(s) in their own time. They then complete in class, in a few minutes and without reference to the reader, the relevant tests. These are quickly marked by pupils or staff and have the advantage of an immediate score. (The teacher may like to mark the results of a couple of volunteers who then mark the rest.) Most pupils are glad to know at once how well they have done. The teacher can see at a glance who has failed to come up to standard, and enquire why. Personal difficulties and troubles come quickly to light and help may be given without delay. The snowball effect on the pupil whose lack of reading reduces his or her general performance is largely eliminated.

In our experience pupils have become keenly interested in their scores, and many parents have commented particularly at 'at homes' on the trouble taken by their children to get a good score by this method. Its objectivity appeals; they regard it as fair.

The reading programme may cover one year or two; it is designed for one book each half term or one book per term. (Alternatively, pupils in mixed ability classes may work at individual rates.) On completion pupils are better able to cope with comprehension tests, on which increasing emphasis is being placed by examining boards.

The advantages to us have been that pupils do read books from beginning to end and know what is in them. Since questions are *not* included in the reader, the schoolboy method of *beginning* by answering them and reading incidentally, does not apply. Instead, as their facility increases, they acquire the pleasure of reading. In selecting topics which appeal, and by having lively and helpful illustrations, we have tried to make the experience one of pleasure from the beginning.

M. E. Mountjoy

Eins

Es ist Mittwoch, 7 Uhr abends.
Dieter ist in seinem Zimmer.
Er muß lernen.
Am Mittwoch ist es immer so.
Dieter hat am Donnerstag immer
Mathematik.

Für Dieter ist Mathematik sehr schwer.
Dieter sitzt am Fenster.
Vor dem Fenster ist ein großer Baum.
Dieter betrachtet den Baum.
„Wie schön ist es im Baum", denkt er,
„so frisch und kühl und grün."
Der Baum fasziniert Dieter.

Er träumt von einem Haus im Baum.
„Wie schön muß es sein, dort oben ein
kleines Baumhaus zu haben", denkt er.
Die Idee fasziniert ihn.
Ein kleines Baumhaus!
Eine tolle Idee!
Warum nicht?

4

MOUNTJOY. M.E.

DAS HAUS IM BAUM

6A.

Mary Galley

HEINEMANN EDUCATIONAL BOOKS

LONDON

Heinemann Educational Books Ltd
22 Bedford Square, London WC1B 3HH

LONDON   EDINBURGH   MELBOURNE   AUCKLAND
HONG KONG   SINGAPORE   KUALA LUMPUR   NEW DELHI
IBADAN   NAIROBI   JOHANNESBURG   KINGSTON
EXETER (NH)   PORT OF SPAIN

ISBN 0 435 38611 5

German through Reading Series
by M. E. Mountjoy
STAGE I
1. Das Haus im Baum
2. Ingrid und Maria
STAGE II
3. Alarm bei Nacht
4. Dagmars Probleme
STAGE III
5. Hitlers Ära
6. Der Weg zu den Sternen
A book of objective tests accompanies the series

Printed in Great Britain by
Biddles Ltd, Guildford, Surrey

Zwei

„Ein Haus im Baum!" sagt Dieters
Mutter. „Was für eine Idee!"
„Aber warum nicht?" fragt Dieter.
„Es ist gefährlich!" sagt sie.
Für Frau Schulz ist alles gefährlich.

„Du sagst immer ‚Es ist gefährlich',"
sagt Dieter. „Ein Fahrrad ist gefährlich,
ein Motorrad ist gefährlich,
ein Auto ist gefährlich; der Sport, das
Rauchen, das Trinken, alles ist
gefährlich! Nur Lernen und Putzen und
Arbeiten sind nicht gefährlich."

„Dieter! Du bist zu frech!" Frau Schulz
wird wütend.
In diesem Moment läutet das Telefon.
„Hallo", sagt Frau Schulz. „Ach du bist
es Mutti! ... Ja ... schön ... ja fein ...
ja natürlich ... um 8 Uhr ... *Tschüß!*
Dieter!" ruft Frau Schulz, „Du mußt mir

helfen. Oma kommt zum Abendessen.
Ich habe viel zu tun. Also ... Suppe,
Fisch, Salat, ... du kannst den Salat
waschen, Dieter ... aber gut waschen!"
„Was für Fisch essen wir?" fragt
Dieter.
„Hering, frischen Hering in Soße.

Warum fragst du?"
„Oma mag keinen Hering", sagt
Dieter.
„Ach ja. Also, für deine Großmutter ...
was soll ich für sie machen?"
„Ein Omelette", sagt Dieter. „Omelette
kann ich gut machen."

„Und da kommt schon dein Vater!
Guten Abend, Berndt", sagt Frau
Schulz.
„Guten Abend, mein Liebling", sagt
Herr Schulz. „Was machst du denn
da, Dieter? Du hilfst beim Abendessen?
Gut, ... gut!"

6

Drei

Ein Auto steht unter dem Baum.
„Da ist Großmutter!" sagt Herr
Schulz.
„Nein", sagt seine Frau. „Das Auto dort
ist gelb. Mutti hat einen weißen

Wagen."
„Aber es ist Oma", sagt Dieter. „Da
kommt sie schon."
„Mutti, du hast einen neuen Wagen!
Warum?" fragt Frau Schulz.
„Wo ist der alte Wagen?" fragt Herr
Schulz.

„Was für ein schöner Wagen und ganz
neu und modern!" sagt Dieter.
„Nicht wahr?" sagt die Großmutter.
„Also, weiß ist altmodisch. Alle
modernen Wagen sind gelb."
„Aber Mutti, das alte Auto war doch
noch gut", protestiert Frau Schulz.

7

„Ja, aber ich will nicht altmodisch sein, und weiß ist altmodisch..."

„Und was kostet so ein Auto?" fragt Herr Schulz.

„Viel Geld, Berndt, zuviel Geld", sagt die Großmutter. „Vergessen wir den Preis. Ich habe Hunger. Was gibt es zum Abendessen?"

„Für dich Suppe und dann Omelette", sagt Dieter, „ein Omelette mit Tomaten, Karotten und grünem Salat."

„Fein!" sagt die Großmutter. „Omelette, frische Karotten, Tomaten und Salat, alles sehr gesund."

„Ich bringe sofort die Suppe", sagt Frau Schulz.

„Oma..." beginnt Dieter.

„Ja, mein Junge."

„Oma, ich will ein Haus im Baum bauen."

8

„Wo?"
„In dem großen Baum vor dem Haus."
„Was für eine gute Idee!" Nicht wahr, Berndt?"
„Was ist eine gute Idee?" fragt Frau Schulz, die die Suppe bringt.

„Dieter will ein Haus im Baum haben. So eine originelle Idee!"
„Aber es ist gefährlich!"
„Nein, es ist gesund. Ein Haus im Baum, ganz im Grünen, es ist gesund, sehr gesund. Was sagst du dazu, Berndt?"
„Was ich sage? Das Abendessen ist prima! Der Fisch ist erstklassig, deine Mutter ist eine feine Köchin Dieter . . ."
Herr Schulz ist sehr taktvoll!

Vier

Es ist Mai.
Das Wetter ist schön.
Großmutters Wagen steht unter dem Baum.
Oben im Baum ist ein kleines grünes Haus.
„Warum grün?" fragt die Großmutter.
„Rot ist viel schöner."

10

„Aber grün ist besser", sagt Dieter,
„grün wie der Baum."
Das Haus hat ein Fenster und eine Tür.
„Du hast kein Glas im Fenster", sagt die Großmutter.
„Nein, das Fenster ist aus Plastik.
Das ist gut und praktisch."
„Und was hast du dort oben?"
„Im Moment nicht viel: ein Radio, ein Buch...."
„Dein Mathematikbuch?"
„Nein, das nicht! Einen Kriminalroman, eine Flasche Limonade, ein Glas, zwei Kissen und einen Schlafsack."
„So klein ist das Haus also nicht", sagt die Großmutter.
„Nein, es ist groß genug. Ich will dort oben auch manchmal schlafen."

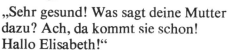

„Sehr gesund! Was sagt deine Mutter dazu? Ach, da kommt sie schon! Hallo Elisabeth!"

„Guten Tag Mutti. Was machst du denn da?"

„Ich will in das Baumhaus klettern."

„Mutti! Du bist ... du bist ... du wirst fallen! Es ist gefährlich, viel zu gefährlich!"

„Ach nein! Dieter kann mir helfen. Und hier kommt sein Vater. Berndt, ich will in das Baumhaus klettern. Du mußt mir helfen."

Eine Viertelstunde später ist die Großmutter oben im Baumhaus mit Dieter.

„Fein!" sagt sie. „Prima! Hier...."

„Was hast du denn da, Oma?"

„Scht...! Für uns! Eine Flasche Bier. Wir werden auf das neue Baumhaus trinken."

„Prima! Aber ich habe nur ein Glas."

„Dann nehme ich das Glas und du kannst aus der Flasche trinken."

„Gut, hier ist dein Glas Bier, Oma. Prost!"

„Zum Wohl!"

Fünf

„Du hast hier in deinem Zimmer ein
gutes Bett", sagt Frau Schulz, „warum
willst du im Baum schlafen?"
„Im Haus ist es zu warm", sagt Dieter.
„Aber im Baumhaus hast du kein Bett."
„Ich habe meinen Schlafsack."

„Und wenn es regnet?"
„Das Baumhaus hat ein gutes Dach.
Da kommt der Regen nicht durch."
„Es ist gefährlich. Nicht wahr, Berndt?
Was sagst du dazu?" Frau Schulz ist
noch immer besorgt.
„Der Junge ist schon dreizehn
Jahre alt", sagt Dieters Vater.

„Vierzehn im August!" sagt Dieter.
„Hm . . . Elisabeth, möchtest du
heute abend ins Konzert gehen? . . .
Beethoven. . . . Es beginnt um 20 Uhr.
Das Orchester ist erstklassig und
das Programm ist sehr interessant.
Was meinst du dazu? Du hörst doch so
gern Musik."

Die Eltern gehen ins Konzert.
Dieter verbringt die Nacht im
Baumhaus.
Es ist Mitternacht, als Herr und Frau
Schulz nach Hause kommen.
Alles ist still.
Frau Schulz bleibt einen Moment unter
dem Baum stehen.
„Gute Nacht Dieter.... Schlaf'
gut!" ruft sie.
Aber Dieter hört sie nicht.
Er schläft fest da oben im Baumhaus.

Sechs

Es ist 5^{00} Uhr morgens und es regnet.
Der Regen fällt auf den Baum und
tropft auf das Baumhaus.
„Was ist das? Wo bin ich?" fragt
Dieter.

13

Und dann sagt er, „Wie dumm!
Ich bin im Baumhaus und es regnet....
Aber wer raucht hier eine Zigarette?"
Im grauen Morgenlicht sieht er eine
Dame.
Sie steht unten auf der Straße und
raucht eine Zigarette.

Sie ist nicht jung und nicht alt ...
vierzig Jahre alt vielleicht.
Sie trägt einen blauen Regenmantel und
einen blauen Hut, aber sie hat keinen
Regenschirm.
In der Hand hält sie eine Flasche
Coca-Cola.

„Wie komisch!" denkt Dieter, und
dann „Warum ist sie so nervös?"
Die Dame stellt die Flasche hinter
einen großen Stein.
Dann geht sie schnell weg.
„Das ist aber komisch!" denkt Dieter.
Er klettert schnell nach unten.

14

Die Dame ist nicht mehr zu sehen.
Die Straße ist leer.
Schnell nimmt Dieter die Flasche
und klettert wie ein Affe zurück
nach oben.
Es regnet noch immer.

Sieben

Oben im Baumhaus öffnet Dieter die
Flasche.
Er nimmt ein Stück Papier heraus.
Darauf steht: Im Rosengarten, 16^{00}
Uhr Sonntag.

„Ist das alles?" sagt Dieter. „Das ist
nicht sehr interessant."
Er klettert nach unten und in drei
Minuten ist die Flasche mit dem
Stück Papier wieder hinter dem großen
Stein.
Zurück in seinem Baumhaus kriecht

15

Dieter in seinen Schlafsack und
will noch weiterschlafen.
Aber was ist das?
Ein Auto!
Da kommt ein Auto!
Das Auto ist jetzt unter dem Baum.
Im Auto ist ein junger Mann, zwanzig
Jahre alt vielleicht.

Wie ein Sportler springt er aus dem
Auto, nimmt die Flasche und
läuft zum Auto zurück.
Das Auto ist braun. Dieter will die
Nummer des Autos sehen, aber der
junge Mann ist zu schnell für ihn.
In zwei Sekunden ist er wieder weg.
„Komisch!" denkt Dieter. „Das

muß wohl ihr Freund sein."
Dann sagt er: „Nein! Nein! Die
Dame ist zu alt für ihn, zu altmodisch.
Er ist jung und modern und athletisch.
Mutter und Sohn, vielleicht? Aber
warum war sie so nervös?
Das ist alles sehr komisch!"

Acht

Es ist Sonntag, halb vier nachmittags. Seit Freitag sucht Dieter einen Rosengarten.
In vielen Gärten sind Rosen, aber das sind keine Rosengärten, sondern nur Privatgärten mit Rosen und anderen Blumen.
In den Parks der Stadt sind keine Rosen, nur rosa und rote Geranien.
„Wo gibt es einen Rosengarten?" denkt Dieter.
Er ist zu Hause. Auf dem Balkon trinkt er mit seinen Eltern und der Großmutter Kaffee. Am Sonntag bringt Oma immer einen großen Schokoladenkuchen mit. Er ist immer sehr gut. Dieter nimmt ein großes Stück Kuchen und denkt über sein Problem nach.
Die Eltern sprechen über das Konzert: „Es war wunderbar ... die Musik ... das Orchester ... alles wirklich

17

großartig ... und auch das Schloß ist so schön mit der Terrasse und dem Rosengarten...."
„Ein Rosengarten?" fragt Dieter.
„Wo?"
„Beim Schloß natürlich."
„Was für ein Schloß?"
„Schloß Königsberg, warum?"
„Das bei der Autobahn?"

„Ja."
„Komm' Oma, wir müssen sofort zum Schloß."
„Aber Dieter", sagt seine Mutter, „das Konzert war am Donnerstag. Es ist zu Ende. Und du hörst auch nicht gern Musik."
„Das weiß ich doch!"

„Warum willst du denn dorthin?"
„Ich will mir den Rosengarten ansehen. Komm' Oma, wir haben nicht viel Zeit."
„Was ist denn nur mit dir los?" fragt seine Mutter, aber zu spät. Dieter und seine Großmutter sitzen schon im Auto.

18

Neun

Es ist zehn Minuten vor vier.
Dieter und die Großmutter sind auf
der Autobahn.
Die Großmutter fährt sehr schnell.
Der Zeiger steht auf 160 km/h.
„Wie weit ist es noch bis zum

Schloß?" fragt sie.
„Noch 20 km", sagt Dieter. Fünf
Minuten später sagt er:
„Die Straße zum Schloß ist dort
rechts."
Auf der kleinen Straße können sie
nicht so schnell fahren.
Der Parkplatz liegt hinter dem

Schloß.
Dieter springt aus dem Wagen und
läuft direkt zur Terrasse.
Von dort hat er einen guten Blick
auf den Rosengarten.
Er sucht die Dame und den jungen
Mann, aber sie sind nicht zu sehen.
Ach ja! Da ist sie! Sie sitzt auf

19

einer Bank vor der Gartentür.
Aber der junge Mann?
Ach, da ist auch er!
Er kommt gerade durch die Tür und
setzt sich auf die Bank.
Dieter betrachtet das Paar.
Da sitzen sie auf der Bank, aber sie
sagen nichts. Sie sitzen da wie

Fremde. Wie komisch!
Die Dame stellt ein kleines Paket auf
die Bank, dann geht sie weg.
Zwei Minuten später geht der junge
Mann durch die Gartentür hinaus.
Das Paket ist nicht mehr auf der
Bank!
Dieter läuft zum Parkplatz zurück.

Ja, da steht der braune Wagen.
Schnell nimmt Dieter ein Stück
Papier und schreibt die Nummer
auf.
Dann stellt er sich hinter einen Busch.
Er muß nicht lange warten.
In drei Minuten kommt der junge
Mann zurück und fährt schnell weg.

Zehn

In seinem Baumhaus betrachtet
Dieter den großen Stein und denkt
über das komische Paar nach.
Jeden Tag sucht er hinter dem Stein
nach einer Flasche oder einem Stück
Papier aber er findet nichts.
Die Dame und der junge Mann
kommen nicht wieder.
Aber was ist das? Da kommt gerade
ein braunes Auto! Vielleicht ist
es der junge Mann!
Nein. Es ist Kurt Mildenstein, sein
Schulfreund, mit seinem Vater.
„Hallo Kurt!" ruft Dieter von oben.
„Wo ist deine Mutter?" fragt
Herr Mildenstein, ohne zu grüßen.
„In der Küche", sagt Dieter.
„Bleib' hier, Kurt!" sagt Herr
Mildenstein, und er geht schnell

21

ins Haus.
„Was ist los?" fragt Dieter.
„Die Polizei ist bei uns", sagt Kurt.
„Sie sucht Paul."
Paul ist sein Bruder. Er ist Student an der Universität.
„Aber warum?" fragt Dieter.

„Paul hat Hunderte von Zigaretten gestohlen. Und auch Zigarren."
„Mann!" sagt Dieter. „So viele! Warum?"
„Für Geld. Paul nimmt Drogen. Mit dem Geld will er Drogen kaufen."
„Und wo ist Paul jetzt?" fragt Dieter.

„Das wissen wir nicht. Er ist nicht in der Universität und er kommt auch nicht mehr nach Hause."
„Kurt!" ruft Herr Mildenstein. „Du kannst hier bei Dieter bleiben. Ich muß Paul suchen."

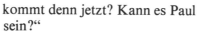

Elf

"Was für eine Tragödie!" sagt Frau Schulz. "Und Paul ist noch so jung! Intelligent ist er auch! Was für ein Skandal! Und was sagt seine Mutter dazu? Frau Mildenstein ist immer so korrekt! Eine gute Mutter und eine gute Frau! ... Mein Gott! Wer kommt denn jetzt? Kann es Paul sein?"

Dieter rennt zum Fenster.

Durch den Garten kommt eine komische Figur mit langen schwarzen Haaren, einem roten Pulli, Blue Jeans und gelben Sandalen.

"Nein", sagt Dieter. "Es ist Oma!"

"Was!" sagt Frau Schulz, ganz schockiert.

Zwei Minuten später steht die komische Figur vor der Tür. Um das lange Haar, das bis auf die Schultern hängt, trägt sie ein goldenes Kopfband mit grünen Perlen.

"Mutti!" sagt Frau Schulz. "Was für ein Schock! Warum so ... so ... so komisch?"

23

Anstatt zu grüßen, legt die Großmutter das Haar auf den Tisch, dann sagt sie: „Ach das lange Haar ist schön, aber für den Sommer ist es nicht praktisch. Viel zu warm! Aber du fragst „warum?", Elisabeth. Ich will in einen Beatkeller gehen."
„Mutti! Du! Du? Warum?"
„Ja Elisabeth, ich war noch nie in einem Beatkeller."
„Ich auch nicht! In so einem Lokal war ich nie!"
„Aber Elisabeth. Ich will wissen, wie es dort ist."
„Mutti! dafür bist du zu...."
„Zu alt, Elisabeth?"
„Ja Mutti."

„Nein Elisabeth. Zu alt bin ich nicht. Ich bin erst neunundvierzig Jahre alt. Fünfzig Jahre ist vielleicht zu alt. Nächstes Jahr ist es dann zu spät. Ich muß jetzt in einen Beatkeller."
„Und du gehst allein?"
„Nein. Dieter und Kurt können mitkommen. Nicht wahr, Jungens?"

24

Zwölf

Es ist vier Stunden später und die
drei sitzen jetzt in ihrem fünften
Beatkeller.
Für die Großmutter ist alles sehr
interessant. Sie hören Popmusik,
sie trinken Bier, Coca-Cola und
Limonade, und sie essen Würstchen
mit Brot.
„Prima! Fein!" sagt die Großmutter.
Sie findet alles großartig.
„Trinkt aus! Wir müssen uns noch
einen Keller ansehen!"
„Wo ist denn der?" fragt Kurt.
„Hinter dem chinesischen Restaurant.
Dort ist ein neuer Beatkeller: der
‚Untergrund‘."
„Oma! Du weißt alles!" sagt Dieter.
„Also, los!"
Im „Untergrund" sind vielleicht
dreißig junge Leute. Die Jungen und

Mädchen tanzen zu der Musik.
„Das ist Herb Alpert", sagt Kurt.
„Wer? Wo? Ist er ein Freund von
dir?" fragt die Großmutter.
„Oma, Herb Alpert ist nicht hier.
Die Musik ist von Herb Alpert.
Er ist Amerikaner und spielt die

Trompete."
„Ach so", sagt die Großmutter. „Aber
da ist ein Freund von uns!"
„Wo?"
„Hinter der Bar. Er serviert gerade ein
Glas Whisky. Das ist unser Freund
vom Rosengarten!"

„Ach ja! Da ist er ja!"
„Wo? Wer?" fragt Kurt. Er hört nicht
gut. Die Musik ist sehr laut. Dann
sagt er:
„Die zwei, die Whisky trinken, sind
Pauls Freunde. Sie sind auch
Studenten. Paul geht immer mit ihnen

Dreizehn

aus. Der Kleine, der mit dem Glas in der Hand, nimmt Drogen. Wo er die Drogen kauft, weiß ich nicht."

„Vielleicht wissen wir es bald", sagt die Großmutter. „Kommt Kinder! Ich gehe zur Polizei", sagt die Großmutter.

„Jetzt?" fragt Kurt.

„Nein, nicht mit den langen Haaren und Blue Jeans. Später."

„Können wir mitkommen?"

„Nein, Ich gehe allein. Es ist besser so. Aber Dieter, du kannst mir die Nummer des braunen Autos geben, und Kurt, ich will die Namen der zwei Studenten haben. Also, Tschüß! Bis später!"

„Was für eine Großmutter!" sagt Kurt.

Zwei Tage später läutet das Telefon. Es ist Oma!

„Kurts Bruder ist zu Hause", sagt sie. „Er und Herr Mildenstein versuchen, der Polizei zu helfen."

„Und was ist mit den Zigaretten und den Zigarren passiert?" fragt Dieter.

27

„Die Polizei hat sie alle zurück. Und jetzt ist die Polizei in dem Beatkeller ‚Untergrund'. Der junge Mann mit dem braunen Auto ist der Drogenhändler. Die Studenten kaufen die Drogen von ihm."

„Und die Dame?" fragt Dieter. „Ist sie seine Mutter?"

„Nein, sie kommt aus einer kleinen Stadt in den Alpen. Sie bringt die Drogen. Die Polizei sucht sie jetzt."

„Also, Ende gut, alles gut! Du kommst heute nachmittag zu uns, Oma?"

„Nein."

„Aber es ist Sonntag."

„Das weiß ich."

„Warum denn nicht?"

„Das Ende ist nicht gut!"

„Wieso?"

„Die Polizei ist auch bei mir!"

„Was?"

„Mein neuer Wagen fährt zu schnell! 200 km/h auf der Autobahn! ‚Das ist viel zu schnell', sagt die Polizei. Aber bitte, sag' deiner Mutter nichts davon!"

Vocabulary

Abend (m): evening
abends: in the evening
 guten Abend: good evening
Abendessen (n): supper
aber: but
ach: oh
Affe (m): monkey
allein: alone
alle: all
alles: everything
Alpen (f): Alps
als: when
also: well then
alt: old
altmodisch: old fashioned
am = an dem
Amerikaner (m): American
an: on at
ansehen: to look at
anstatt: instead
Arbeiten (n): working
athletisch: athletic
auch: as well
auf: on, upon
auf das Haus trinken: to drink to the house
aufschreiben: to write down
aus: from, out of
 das Fenster ist aus Plastik: the window is made
  of plastic
ausgehen: to go out
austrinken: to drink up
Autobahn (f): motorway

Balkon (m): balcony
bald: soon

Bank (f): bench
bauen: to build
Baum (m): tree
Baumhaus (n): tree house
Beatkeller (m): beat cellar
beginnen: to begin
bei: with, near
bei uns: at our house
beim = bei dem
besorgt: worried
besser: better
betrachten: to look at
Bett (n): bed
Bier (n): beer
bis: until
blau: blue
bleiben: to remain
Blick (m): view
Blume (f): flower
braun: brown
bringen: to bring
Brot (n): bread
Bruder (m): brother
Buch (n): book
Busch (m): bush

chinesisch: Chinese

da: there
Dach (n): roof
dafür: for this
Dame (f): lady
dann: then
darauf: on it
davon: of, about
 nichts davon sagen: not to say anything
dazu: to it
dein: your
denken: to think

denn: for, then
diese: this
direkt: direct
doch: however
Donnerstag (m): Thursday
dort: there
dort oben: up there
dorthin: there
drei: three
dreizig: thirty
dreizehn: thirteen
Droge (f): drug
Drogenhändler (m): drugdealer, pusher
durch: through
du: you
dumm: stupid
durchkommen: to get through

ein: a, one
Eltern (pl): parents
Ende (n): end
 es ist zu Ende: it is over
er: he
erst: only, just
erstklassig: first rate
es: it
essen: to eat

fahren: to drive
Fahrrad (n): bicycle
fallen: to fall
faszinieren: to fascinate
fein: fine
Fenster (n): window
fest: tight, soundly
Figur (f): figure
finden: to find
Fisch (m): fish
Flasche (f): bottle

29

fragen: to ask
Frau (*f*): woman, wife, Mrs.
frech: naughty
Freitag (*m*): Friday
Freund (*m*): friend
frisch: fresh
fünf: five
fünfter: fifth
fünfzig: fifty

ganz: quite
Garten (*m*): garden
Gartentür (*f*): garden gate
gefährlich: dangerous
gelb: yellow
Geld (*n*): money
genug: enough
gerade: just
Geranie (*f*): geranium
gern: with pleasure
gesund: healthy
Glas (*n*): glass, pane
golden: golden
Gott (*m*): god
grau: grey
groß: big
großartig: magnificent
Großmutter (*f*): grandmother
grüßen: to greet
grün: green
 Im Grünen: among the greenery

Haar (*n*): hair
haben: to have
halb: half
halb vier: half past three
halten: to hold
Hand (*f*): hand
hängen: to hang

Haus (*n*): house
 nach Hause: (to go) home
 zu Hause: at home
helfen: to help
heraus: out
Herr (*m*): Mr, gentleman
heute: today
hier: here
hinaus: out
hinter: behind
hören: to hear, to listen
Hunderte: hundreds
Hunger (*m*): hunger
 ich habe Hunger: I am hungry
Hut (*m*): hat

ich: I
Idee (*f*): idea
im=in dem
immer: always
in: in
ins=in das
interessant: interesting

ja: yes
Jahr (*n*): year
jeder: every
jetzt: now
jung: young
Junge (*m*): boy
Jahr (*n*): year

Kaffee (*m*): coffee
Karotte (*f*): carrot
kaufen: to buy
kein: no
Keller (*m*): cellar
Kind (*n*): child
Kissen (*n*): cushion

klein: little, small
Kleine: little one
klettern: to climb
Km=Kilometer (*m*): kilometre
Km/h=Kilometer per Hora: kilometre per hour
Köchin (*f*): cook
komisch: funny, strange
kommen: to come
können: can, to be able
Konzert (*n*): concert
Kopfband (*n*): hairband
korrekt: correct
kriechen: to crawl
Kriminalroman (*m*): thriller
Küche (*f*): kitchen
Kuchen (*m*): cake
kühl: cool

lang: long
laufen: to run
laut: noisy
läuten: to ring
leer: empty
legen: to place, to lie
lernen: to learn
Lernen (*n*): learning
Leute (*pl*): people
Liebling (*m*): darling
liegen: to lie
Limonade (*f*): lemonade
Lokal (*n*): pub
los: let's go

machen: to make
Mädchen (*n*): girl
manchmal: sometimes
Mann (*m*): man
mann (*fam*): I say, gosh
Mathematik (*f*): mathematics

Mai (*m*): May
mein: my
meinen: to think, to believe
mit: with
mitbringen: to bring along with
mitkommem: to come along with
Mitternacht (*f*): midnight
Mittwoch (*m*): Wednesday
mögen: to like, to care for
in diesem Moment: at this moment
Morgenlicht (*n*): morning light
morgens: in the morning
Motorrad (*n*): motor-cycle
Musik (*f*): music
müssen: must, to have to

nach: to, towards, for
nach oben: up
nach unten: down
nachdenken: to think over, about
Nachmittag (*m*): afternoon
nachmittags: in the afternoon
nächste: next
Nacht (*f*): night
gute Nacht: good night
natürlich: naturally, of course
nehmen: to take
nein: no
nervös: highly strung
neu: new
neunundvierzig: forty-nine
nicht: not
nicht mehr: no longer
nicht wahr: isn't it
nie: never
noch: still
noch nie: never (before)
noch immer: still
Nummer (*f*): number

nur: only

Oma (*f*): Granny
oben: up
öffnen: to open
ohne: without
Orchester (*n*): orchestra
originell: original

Paar (*n*): couple
Paket (*n*): parcel
Papier (*n*): paper
Parkplatz (*m*): parking place
passieren: to happen
Perle (*f*): pearl
Plastik (*n*): plastic
Polizei (*f*): police
praktisch: convenient
Preis (*m*): price
prima: first rate
Privatgarten (*m*): private garden
prost: cheers
protestieren: to protest
Pulli (*m*): pullover
Putzen (*n*): cleaning

rauchen: to smoke
Rauchen (*n*): smoking
rechts: on the right
Regen (*m*): rain
regnen: to rain
es regnet: it is raining
Regenmantel (*m*): mackintosh
Regenschirm (*m*): umbrella
rennen: to run
rosa: pink
Rosengarten (*m*): rose garden
rot: red
rufen: to call

sagen: to say
Salat (*m*): salad, lettuce
grüner Salat: lettuce
Sandale (*f*): sandal
schlafen: to sleep
Schlafsack (*m*): sleeping bag
Schloß (*n*): palace, castle
schnell: quick
Schock (*m*): shock
schockiert: shocked
Schokoladenkuchen (*m*): chocolate cake
schön: beautiful
schöner: more beautiful
schon: already
schreiben: to write
Schulfreund (*m*): school friend
Schulter (*f*): shoulder
schwarz: black
sehen: to see
zu sehen sein: to be seen
sehr: very
sein: to be
sein: his, its
seit: since
Sekunde (*f*): second
servieren: to serve
sich: self
sie: she
sitzen: to sit
Skandal (*m*): scandal
so: so
sofort: immediately
Sohn (*m*): son
sollen: shall, should
Sommer (*m*): summer
sondern: but
Sonntag (*m*): Sunday
spät: late
später: later

spielen: to play
Sport (*m*): sport
Sportler (*m*): sportsman
Stadt (*f*): town, city
springen: to jump
stehen: to stand
stehen bleiben: to stop
stehlen: to steal
Stein (*m*): stone
stellen: to put, to place
sich stellen: to stand
still: quiet
Straße (*f*): street
Stück (*n*): piece
Student (*m*): student
Stunde (*f*): hour
suchen: to search, to look for
Suppe (*f*): soup

Tag (*m*): day
  guten Tag: how do you do
tanzen: to dance
taktvoll: tactful
Telefon (*n*): telephone
Terrasse (*f*): terrace
toll: super
Tomate (*f*): tomato
tragen: to wear, to carry
Tragödie (*f*): tragedy
Trompete (*f*): trumpet
träumen: to dream
tropfen: to drip
trinken: to drink
Trinken (*n*): drinking
tschüß: cheerio
Tür (*f*): door

über: about
Uhr (*f*): clock, watch
  7 Uhr: 7 o'clock
um 8 Uhr: at 8 o'clock
um: at, around
und: and
Universität (*f*): university
unten: down, below
unter: underneath
Untergrund (*m*): underground

Vater (*m*): father
verbringen: to spend, to pass
vergessen: to forget
vergessen wir den Preis: let us forget the price
versuchen: to try
viel: much, a lot
viele: many
vielleicht: perhaps
vier: four
Viertelstunde (*f*): a quarter of an hour
vierzehn: fourteen
vierzig: forty
von: of
vor: in front of, before

Wagen (*m*): car
wahr: true
warten: to wait
warum: why
was: what
was für eine Idee: what an idea
was für Fisch: what sort of fish
was gibt es: what is there
was ist los: what is the matter
waschen: to wash

weg: away
wegfahren: to go away
weiß: white
weit: far
weiterschlafen: to carry on sleeping
wer: who
werden: to get, to become
Wetter (*n*): weather
wie: how, as, like
wieder: again
wir: we
wirklich: really
wissen: to know
wo: where
wohl: indeed, to be sure
Wohl (*n*): well-being
  zum Wohl: to your health
wollen: will, to want
wunderbar: wonderful
Würstchen (*n*): sausage
wütend: angry

zehn: ten
Zeiger (*m*): indicator
  der Zeiger steht auf: the indicator points to
Zeit (*f*): time
Zigarre (*f*): cigar
Zigarette (*f*): cigarette
Zimmer (*n*): room
zu: to, too
zum = zu dem
zurück: back
zuviel: too much
zwanzig: twenty
zwei: two